befangener Gesprächspartner und vertrauter Ratgeber in ganz persönlichen Fragen zu bleiben. Diese Erziehung beginnt in den Jahren vor der Einschulung! Sie ist gewissermaßen ein erster Schritt zur Vorbereitung auf künftige Partnerschaft, glückliche Liebe und Familie. Sie gehört zum Menschen im eingangs erwähnten Sinne.

Stellt ein Kind zu Hause keine Fragen zum Thema des Buches, bedeutet das nicht unbedingt mangelndes Interesse. Vielleicht ist irgendwann und irgendwo ein falscher Ton in diese Problematik hineingeraten. Durch fehlende, falsche oder ausweichende Antworten können Eltern das Vertrauen der Kinder verlieren und anderen Informanten das Feld überlassen, die nicht immer geeignete Ausdrucksformen finden. Kommen Sie also ungebetenen Miterziehern zuvor.

Wenn Sie unsicher sind, stellen Sie versuchsweise eine Frage an Ihr Kind (etwa im 5. Lebensjahr) oder benutzen Sie gelegentlich die ersten Seiten dieses Bilderbuches. So erlangen Sie schnell Klarheit über die tatsächlichen Interessen und Kenntnisse Ihres Kindes. Die zuweilen geäußerte Sorge vor „zu früher Information“ ist bei der hier gewählten Form unbegründet. Ein Nachteil würde nicht entstehen, auch wenn die Kinder, wie das mitunter geschieht, so gefesselt sind, daß sie verlangen, weiter vorzulesen. Es kann höchstens geschehen, daß bei fehlender Bereitschaft eine Information nicht aufgenommen wird, gewissermaßen durchfällt wie ein Groschen im leeren Automaten.

Dem Familienleitbild unserer Gesellschaft entsprechend, gehen wir von der vollständigen Familie aus. Sie werden Verständnis dafür haben, daß in diesem einfach gehaltenen Text nicht mehrere Varianten des praktischen Lebens beschrieben werden konnten. Alleinstehende Mütter oder solche, die von ihrem Kind aus seinem Erfahrungsbereich etwa gefragt werden: „Aber der Thomi hat doch gar keinen Vater“, können dann das entsprechende Gespräch zwischen Susanne und der Mutter erweitern: „Jedes Kind hat einen Vater, sonst könnte das Ei ja nicht wachsen. Es kann aber sein, daß er verunglückt ist oder mit der Mutter nicht zusammen wohnt. Deshalb kennt ihn vielleicht Thomi nicht.“ Sie haben auch hier wieder die Möglichkeit, spezielle Erfahrungen Ihrer Kinder zu berücksichtigen.

Lassen Sie bitte keine negativen Wertungen im Hinblick auf einen Elternteil anklingen. Das wären ausschließlich Erwachsenenprobleme. Und halten Sie Kinder so weit wie irgend möglich aus Spannungsfeldern zwischen Eltern heraus. Kinder leiden erheblich darunter, wenn sie von Erwachsenen als seelischer Schuttabladeplatz nach persönlichen Enttäuschungen benutzt werden.

Ich hoffe, daß Sie nach den Erläuterungen noch besser verstehen werden, was dieses Bilderbuch kann und will, und wünsche, es möge Ihnen helfen, Freude an Ihren Kindern zu haben.

Heinrich Brückner

Mutter, Vater, Kind

Die Gespräche
über das Werden eines Menschen
schrieb Heinrich Brückner auf
Thomas Schallnau
malte die Bilder dazu

Der Kinderbuchverlag Berlin

Susanne kam mit ihrem Bruder Axel vom Spielen nach Hause. Sie hatten viel Spaß miteinander, als sie aus Wasser und Sand Kuchen formten, durch Regenpfützen patschten und in der Modderpampe neben der Straße kleine Flüsse anlegten.
Susanne wollte gleich davon erzählen. Die Mutti aber hielt die Luft an. Sie sah die nassen Schuhe, den Dreck auf dem Kleid, die schmutzigen Hände und die schwarze Nase.

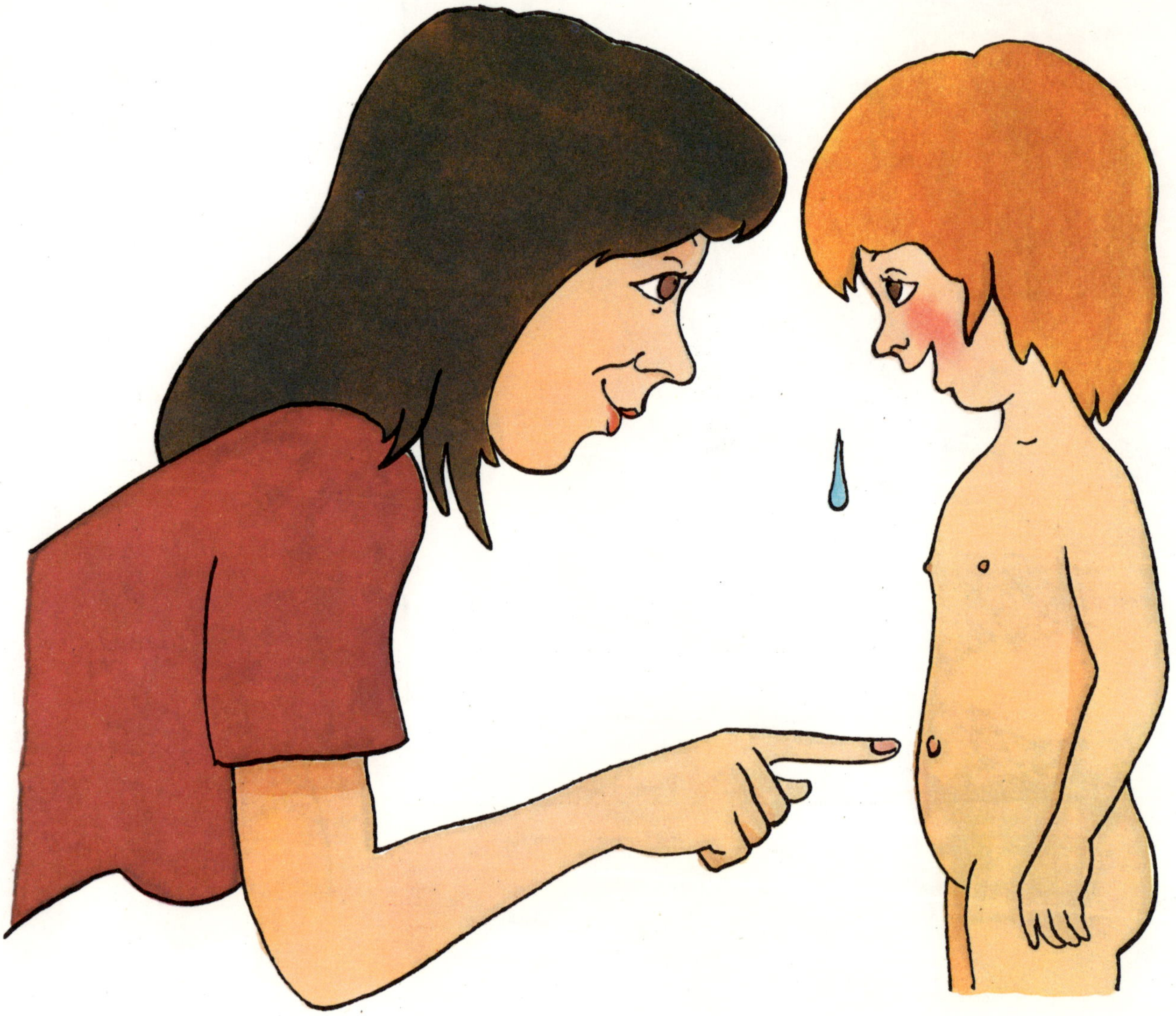

„Kommt gleich erst einmal in die Badewanne“, sagte die Mutti, zog beide rasch aus und wusch sie von oben bis unten sauber. „Du kleiner Schmutzfink“, murmelte sie. Dabei huschte der Waschlappen über Susannes Gesicht, Ohren, Hals und Arme. Als Brust und Bauch an der Reihe waren, wurde Mutti wieder freundlicher und machte einen kleinen Spaß: Sie drückte auf das Bauchknöpfchen wie auf einen Klingelknopf. „Rrrrrrrrr“, ahmte sie das Klingeln nach.
„Noch einmal“, jauchzte Susanne und schnurrte selbst „rrrrrrrrr“, als Muttis Zeigefinger auf das Bauchknöpfchen drückte.

Am Abend fragte Susanne: „Warum haben alle Menschen ein Bauchknöpfchen?" Axel hatte eins und Mutti und Vati auch.
„Ja, alle Menschen haben ein Bauchknöpfchen", antwortete Mutti. „Die großen Leute sagen dazu Bauchnabel. Alle Menschen, auch die größten, waren einmal kleine Kinder wie du oder das Baby von Tante Doro. Und alle Babys sind anfangs so klein, daß sie gar nicht selber trinken und atmen können. Sie werden durch einen dünnen Schlauch versorgt, die Nabelschnur. Diese Nabelschnur geht genau dort in den Bauch hinein, wo bei jedem Menschen noch der Bauchnabel zu sehen ist."

„Ja, hier", freute sich Susanne und legte beide Hände mitten auf den Bauch.
„Hm", Susanne überlegte, „ich habe schon viele Babys gesehen, auch das ganz kleine von Tante Doro, aber keines wurde durch eine Nabelschnur ernährt. Alle haben sie richtig getrunken!"
„Das stimmt schon, Susanne, aber du hast nicht genau hingehört. Ich sagte, alle Babys sind erst einmal so klein, daß sie nicht selber trinken und atmen können. Da können sie auch noch nicht in einem Bettchen liegen, sondern sind im Bauch ihrer Mutti am besten aufgehoben. Dort ist es schön weich und warm, und niemand kann ihnen weh tun. Gut beschützt, können sie in Ruhe wachsen." Die Mutti nahm einen Buntstift und malte es auf.

„Alle Muttis haben im Bauch eine kleine Höhle, in der das Baby wachsen kann. Hier in dieser Babyhöhle siehst du so ein winziges Kind liegen. Es hat die Augen geschlossen und schläft. Von der Höhlenwand bis zum Bauch des Kindes geht die Nabelschnur. Durch die Nabelschnur bekommt das Kindchen alles, was zum Leben und Wachsen nötig ist. Das Baby braucht zum Essen gar nicht den Mund aufzumachen.“

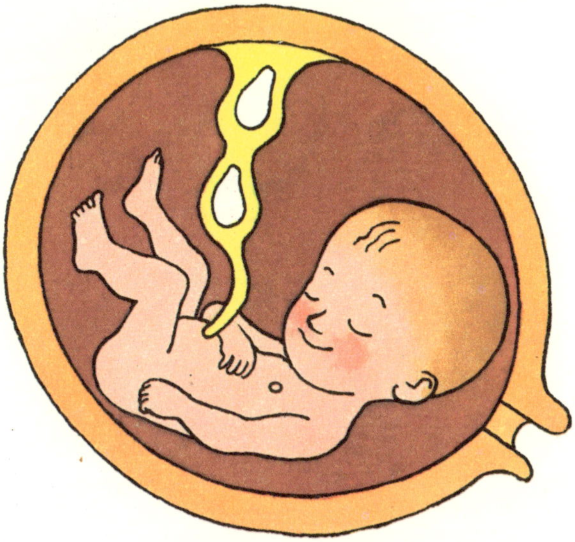

Susanne staunte. Und da gerade vom Essen die Rede war, bekam sie plötzlich selbst Hunger und holte sich einen Apfel. Knacks – biß sie hinein.

Eines Tages besuchten sie Muttis Schwester, Tante Katrin. Sie erwartete ein Kind. Das war schon so groß geworden, daß ihr Bauch ganz dick war. „Schläft dein Baby noch?" fragte Susanne.
„Ja, meistens", meinte Tante Katrin, „aber manchmal scheint es recht munter zu sein und strampelt ganz schön. Jetzt meldet es sich gerade wieder. Komm mal her und lege deine Hand hier auf."
Da fühlte Susanne, wie sich drinnen etwas bewegte. Irgendein Ärmchen oder Beinchen drückte eine Beule nach außen. Plötzlich war sie wieder weg. Susanne stand ganz still. Sie hatte die Bewegungen eines Kindes gespürt, das noch keiner gesehen hatte. Sie umarmte Tante Katrin und fragte: „Darf ich dann auch einmal den Kinderwagen fahren?"

Susanne dachte noch oft an das Erlebnis bei Tante Katrin und fragte die Mutter: „Wo kommen die Kinder eigentlich heraus?"
Und die Mutter antwortete: „Durch den kleinen Spalt zwischen den Beinen. Dort befinden sich die beiden Öffnungen für das Wasser und für den Kot und auch der Ausgang für das Baby. Dieser Gang wird Scheide genannt. Mädchen sehen also unten am Bauch anders aus als Jungen.
Wenn das Baby so groß geworden ist, daß es im Bauch nicht mehr genug Platz hat, wird der Ausgang dehnbar. Das Kind kann ihn dann mit seinem Köpfchen weiten und herauskommen. Das nennt man Geburt."
Die Mutti nahm einen Rollkragenpulli aus dem Schrank. Sie zog ihn Susanne über den Kopf. Susanne merkte, wie der Kragen nachgab. „So kannst du dir das vorstellen. Nach der Geburt wird der Ausgang so klein wie vorher."

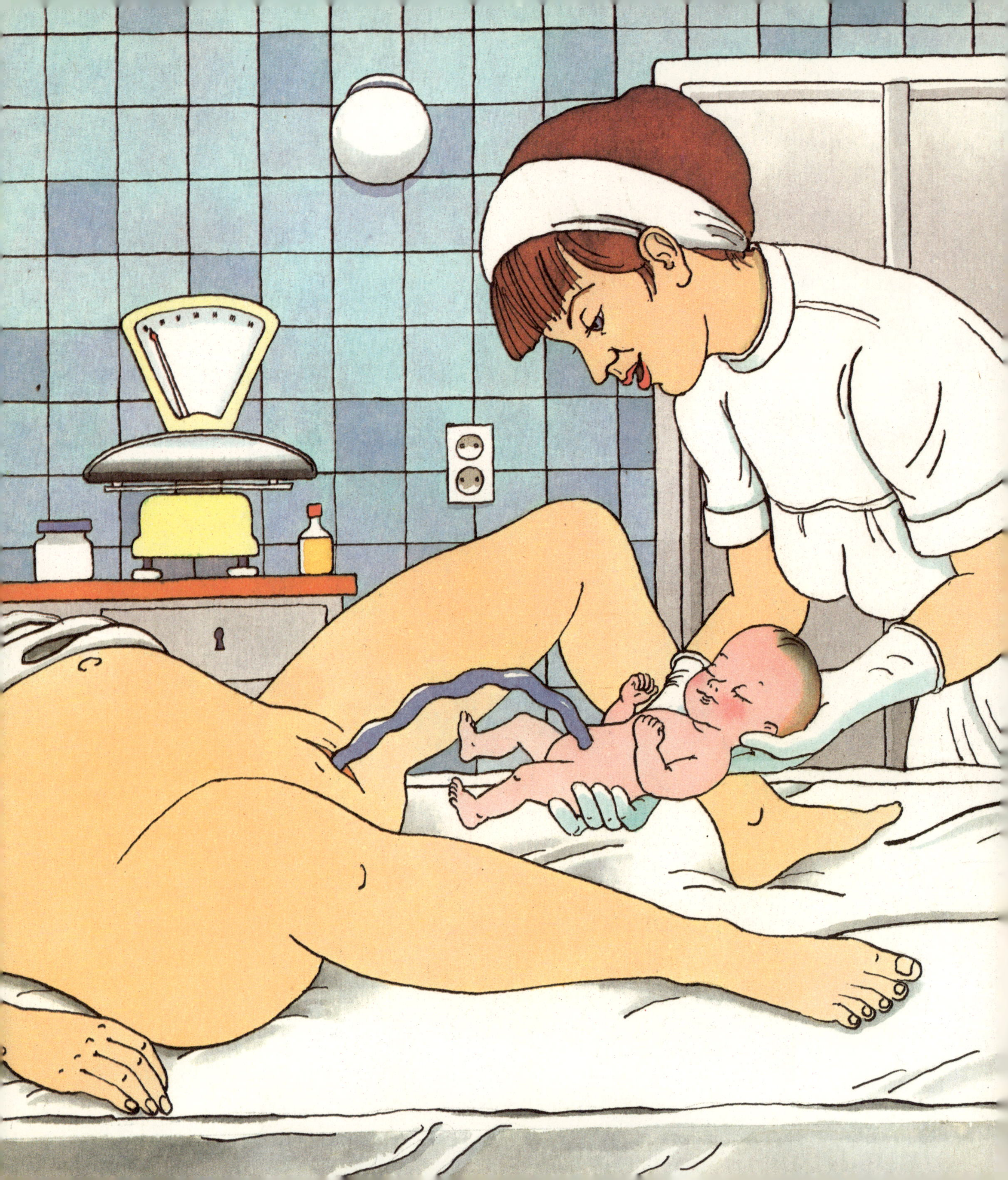

„Was geschieht aber mit der Nabelschnur, wenn das Kindchen herausgekommen ist? Es kann doch nicht daran hängenbleiben. Man könnte es ja gar nicht ins Bettchen legen“, meinte Susanne.
„Du hast ganz recht“, antwortete die Mutti. „Das Kind kann nun selbst atmen und trinken. Die Nabelschnur wird nicht mehr gebraucht. Sie wird zugebunden und dicht vor dem Bauch des Babys abgeschnitten. Das tut weder der Mutti noch dem Kleinen weh. Beide merken gar nichts davon. Als Erinnerung bleibt nur der Bauchnabel zurück.
Das andere Ende der Nabelschnur an der Höhlenwand löst sich von selber ab und rutscht heraus.

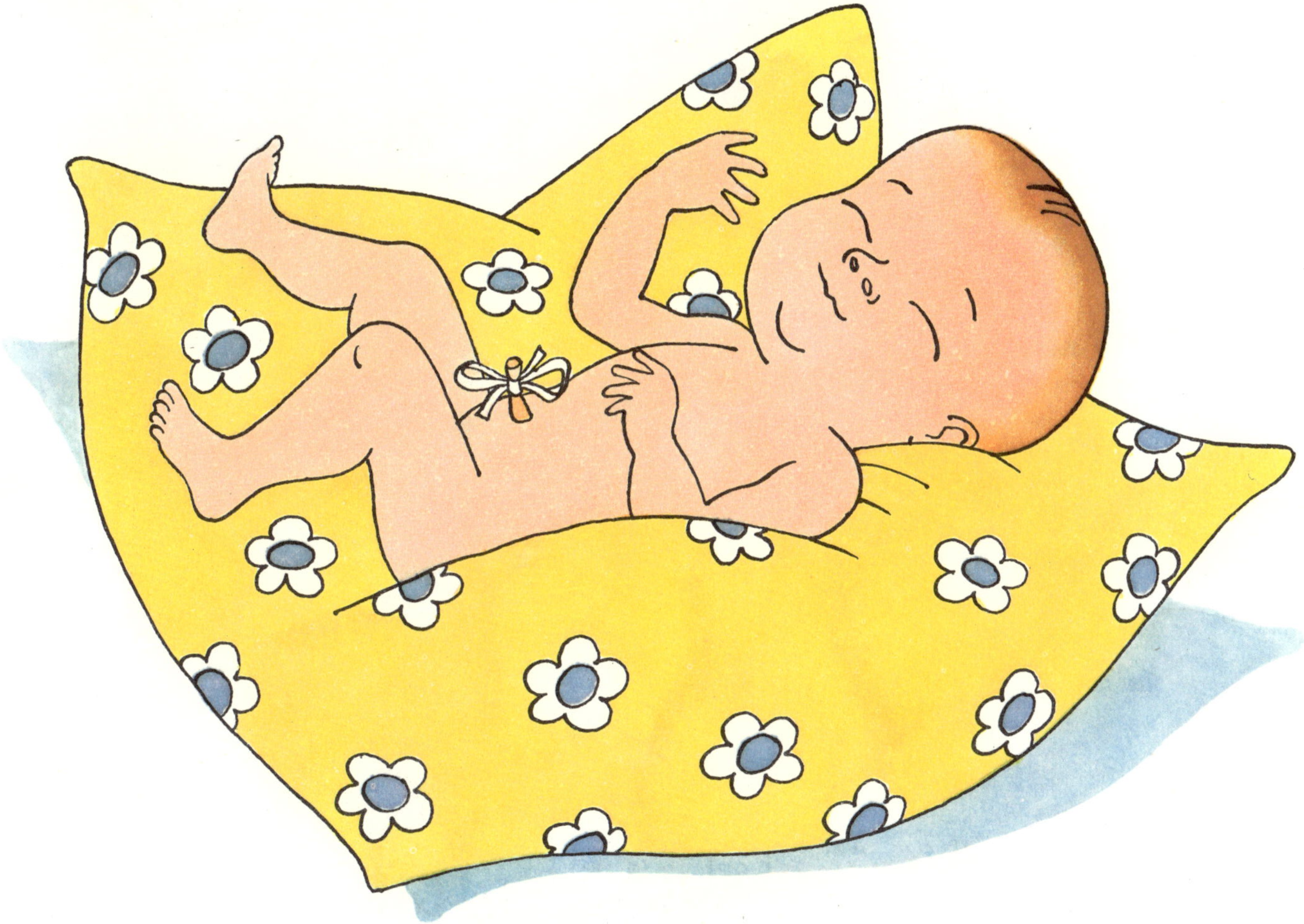

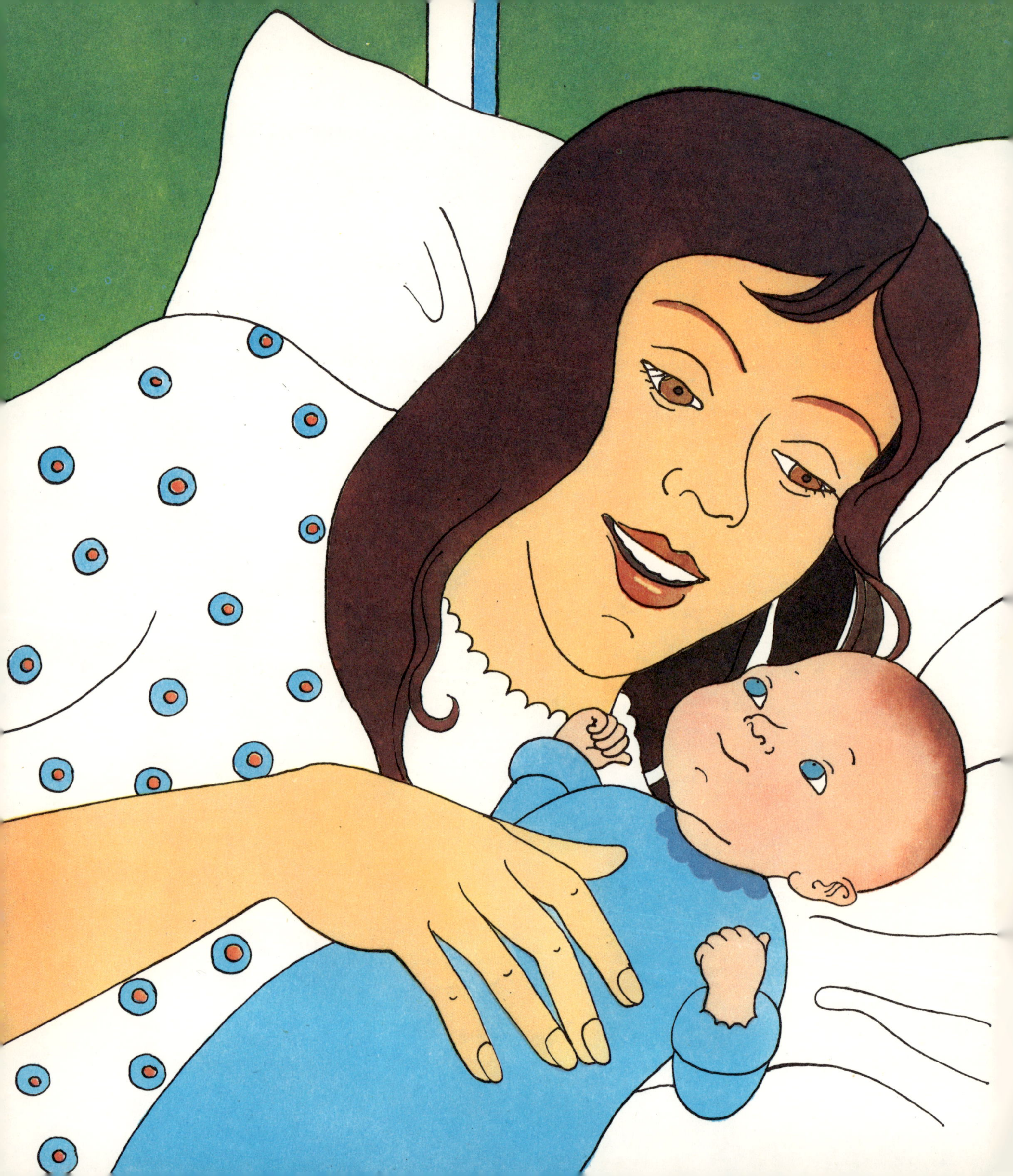

Das Kleine wird gebadet, angezogen und dann der Mutter ein Weilchen in den Arm gelegt. Nun kann sie es in Ruhe ansehen, über das Gesichtchen streicheln, die kleinen Ohren fühlen… Ich weiß noch, wie ich mich gefreut habe, als ich dich zum ersten Mal anschauen und liebhaben durfte." Mutti zog ihre Susanne an sich, und Susanne gab der Mutti einen Kuß.

Nach einigen Wochen besuchte Susanne ihre Tante Katrin wieder. Das Kind, das sie im Bauch strampeln gefühlt hatte, war inzwischen geboren – ein kleiner Junge. Susanne durfte ihn ansehen. Warm eingepackt, schlief er in einem Körbchen. Er hatte schon Fusselhaare auf dem Kopf, richtige kleine Fingernägel, eine winzige Stupsnase. Er schlief fast den ganzen Tag. Nur wenn er hungrig wurde, wachte er auf und schrie. Tante Katrin nahm ihn heraus, windelte ihn neu ein und gab ihm aus ihrer Brust Milch zu trinken, bis er satt war und wieder einschlief.

Susanne wußte zwar, daß die Brust ihres Vaters anders aussieht als die Brust ihrer Mutter. Aber jetzt erst wurde ihr klar, warum das so ist. Als sie nach Hause zurückkam, hatte sie viel zu erzählen…

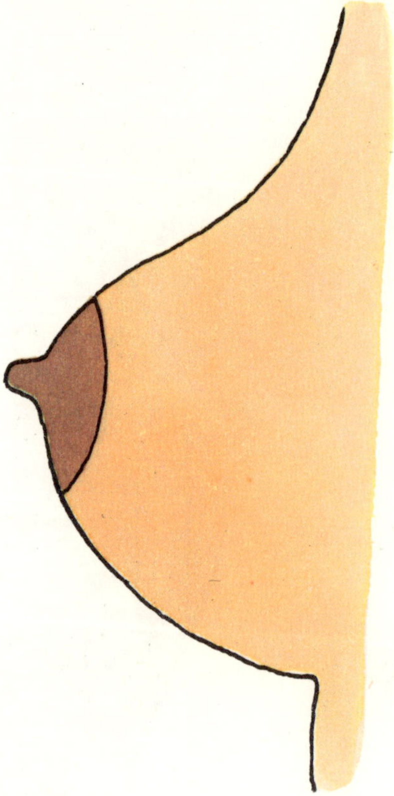

Susanne freute sich darauf, später einmal Mutti zu sein. Sie war stolz, weil sie schon wußte, wie Babys im Bauch einer Mutter immer größer werden, wie sie herauskommen, wie sie dann gefüttert werden…

Aber da tauchten plötzlich neue Fragen auf: „Wie kommt das Kind eigentlich in die Mutter hinein? Wo ist es vorher?“ Sie fragte ihren Vati, weil Mutti gerade nicht zu Hause war.

Der erzählte: „Das Kind kommt überhaupt nicht in die Mutter hinein. Es entsteht in der Mutter aus einem kleinen Ei. Das ist längst nicht so groß wie ein Hühnerei, sondern so winzig wie der rote Punkt, den ich hier mit einem spitzen Stift auf das Papier

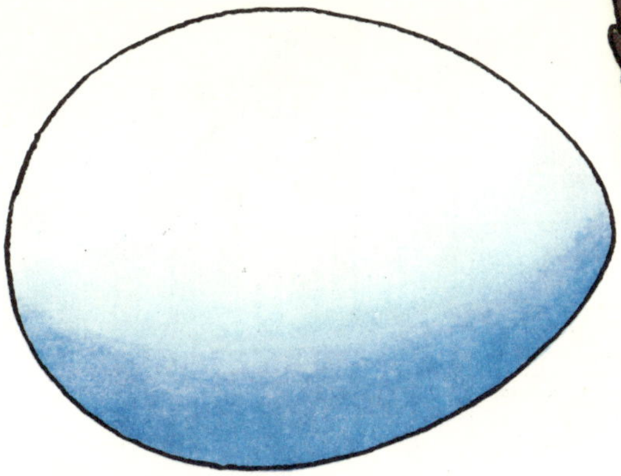

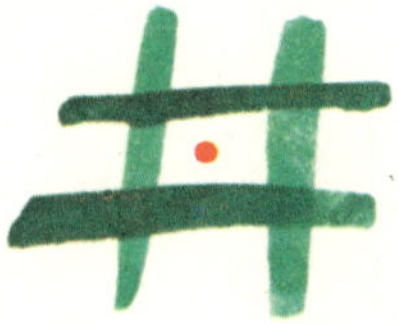

setze." Damit der winzige Punkt nicht zu übersehen war, malte Vati noch einen Rahmen darum.
„In wenigen Wochen kann das Pünktchen so groß werden wie eine Rosine. Es bekommt Händchen und Füßchen und sieht dann schon aus wie ein Mensch. Mit der Nabelschnur hängt es an der Wand der Babyhöhle wie eine Kirsche mit dem Stiel am Baum. Bald wird es so groß wie dein Daumen, später wie dein Püppchen, und nach neun Monaten ist es groß genug, daß es selber trinken und atmen kann. Dann wird es geboren, wie du das schon weißt."
Das Malen machte Susanne Spaß. Sie malte noch viele Eier auf das Papier. Manche gerieten etwas schief oder eckig. Daneben setzte sie ganz kleine Punkte. Der Vati mußte noch einmal den Buntstift spitzen.

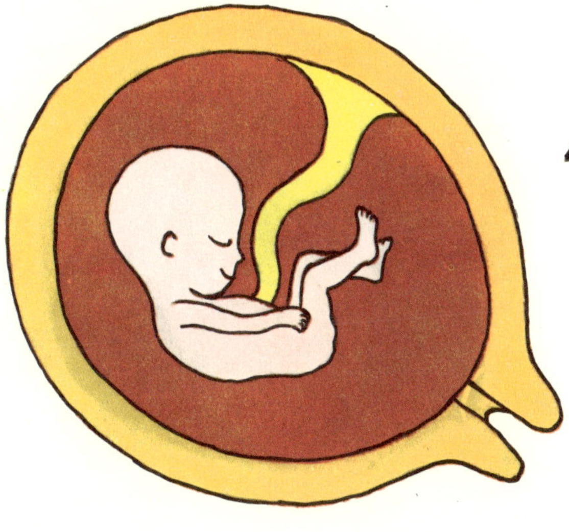

Das „Pünktchen“ kam Susanne immer wieder in den Sinn. Sie konnte es nicht recht fassen: Erst ist das Kind so klein wie ein Punkt – und dann so groß wie ich und später gar wie Vati und Mutti. „Wann aber fängt ein Ei an zu wachsen?“ So fragte sie eines Tages ihre Mutter.

„Solch ein winziges Ei in der Mutter fängt erst dann an zu wachsen, wenn ein kleines Teilchen vom Vater, das man Samen nennt, dazukommt. Jedes Kind ist zusammengesetzt aus einem Stück von seiner Mutter und einem Stück von seinem Vater. Deshalb konnte die Omi bei ihrem letzten Besuch zu dir sagen: ‚Du wirst der Mutter immer ähnlicher. Aber die dunklen Augen hast du vom Vater.‘

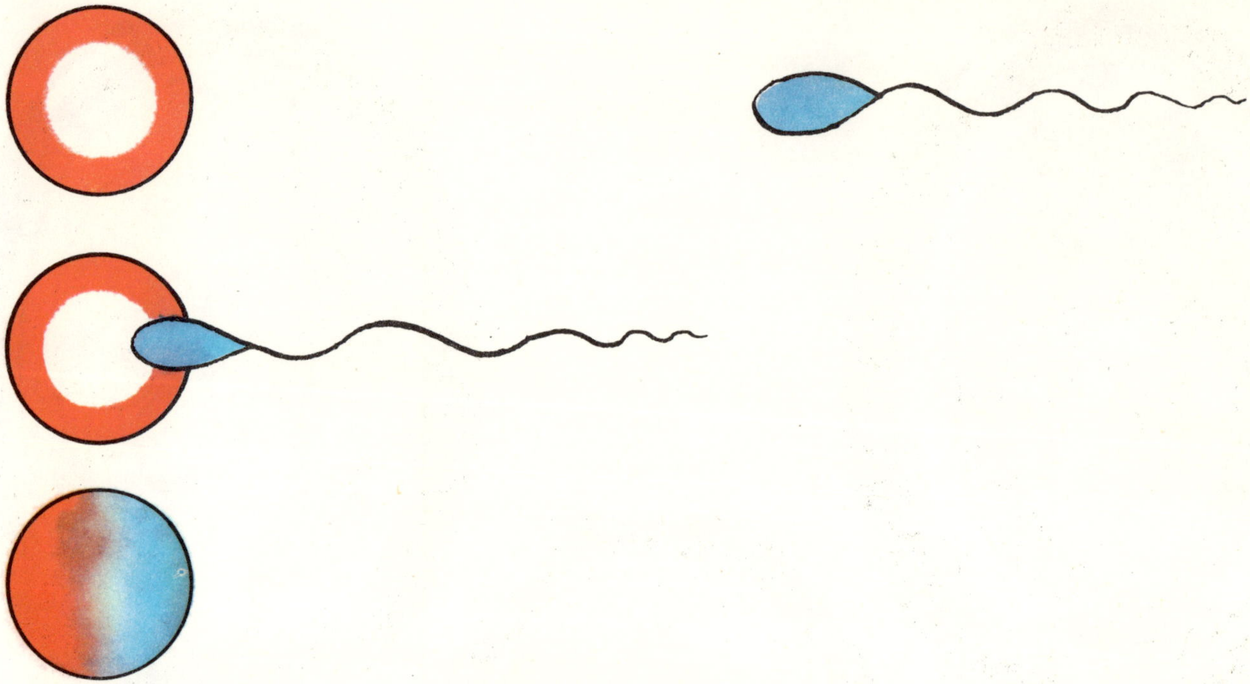

Schauen wir uns wieder das Bild an: Das Ei male ich jetzt riesengroß, damit du es gut sehen kannst. Das winzige Samenteilchen kann man auch nicht mit bloßem Auge sehen. Aber ich male es ebenfalls riesengroß. Es hat einen langen Schwanz, mit dem es schwimmen kann. Der ist dünn wie ein Faden. Deshalb nennt man dieses Teilchen Samenfaden. Er schwimmt zu dem Ei in der Babyhöhle im Bauch der Mutter und schlüpft hinein. Ein Stückchen Mutter und ein Stückchen Vater vermischen sich, so wie zwei Wassertropfen zu einem zusammenfließen. Wenn sich also Eltern ein Kind wünschen, muß der Vater etwas Samen in die Mutter hineintun. Dann kann aus einem Ei ein Kind wachsen."

Susanne tauchte den Zeigefinger in eine Schüssel mit Wasser, die gerade in der Küche stand, und ließ einen Tropfen auf die Tischplatte fallen – tropf: „Ein Eipünktchen." Dann noch einen Tropfen – tropf: „Ein Samenteilchen." Aber der fiel daneben. Erst nach mehreren Versuchen gelang es ihr, daß ein Tropfen vom Finger direkt in einen anderen Tropfen auf dem Tisch fiel und mit ihm zusammenfloß. „Jetzt hat es geklappt." Susanne lachte und wischte nach diesem kleinen Spiel den Tisch wieder trocken.

Als Susanne heute in die Küche kam, wusch die Mutter gerade das Geschirr ab. In einigen Wasserspritzern funkelte das Sonnenlicht. Susanne erinnerte sich an das Spiel mit den Wassertropfen, und sie überlegte weiter: „Wie kann eigentlich ein Vater den Samen in die Mutter hineintun, und wo nimmt er ihn her?“
Die Mutti erzählte: „Alle Männer und Jungen, die ja einmal Vater werden können, haben unten am Bauch ein kleines Rohr. Man nennt es Glied. In dem Hautsäckchen dahinter wachsen die Samenfäden. Wenn eine Frau und ein Mann miteinander ein

Kind haben wollen, kuscheln sie sich ganz eng aneinander und bringen das Glied in die Scheide. Die Samenfäden wandern dann aus dem Hautsäckchen des Mannes durch sein Glied bis in die Babyhöhle der Frau. Sie kommen also auf dem gleichen Weg in die Höhle hinein, auf dem das fertige Kind herauskommt. Es gibt ja nur diesen Weg von außen nach innen und umgekehrt. – Sicher kannst du auch verstehen, daß sich Frau und Mann nur dann ein Kind wünschen, wenn sie einander sehr gern haben."

Susanne nickte zustimmend. Sie überlegte, welcher von ihren Spielfreunden vielleicht der Vater ihrer Kinder werden könnte, Klaus oder Thomi? – Peter jedenfalls nicht. Der ärgerte sie viel zu oft.

Gelegentlich beschäftigte sich Susanne wieder einmal mit der Kinderentstehung. Das war ja alles ganz einleuchtend. Aber sie überlegte: „Ob die Samenübergabe in die Scheide der Frau wohl weh tut?“

„Natürlich nicht“, sagte ihre Mutter. „Was zum Leben der Menschen nötig ist, tut nicht weh. Jeder, der leben und wachsen will, muß essen und trinken. Tut das weh?“

Susanne schüttelte den Kopf.

„Und die Samenübergabe ist nötig, damit ein neues, lebendiges Menschlein entstehen kann. Deshalb tut sie auch nicht weh. Sie kann sogar recht wohl tun. Wenn die Samenübergabe unangenehm wäre, dann gäbe es vielleicht keine Babys. Die Babys könnten nicht wachsen, und es gäbe bald keine Menschen mehr. – Außerdem sagte ich dir schon: Ein Kind wünschen sich Mann und Frau nur, wenn sie sich sehr liebhaben. Wenn man jemanden sehr liebhat, geht man auch behutsam mit ihm um und tut ihm nicht weh.“

„Kann ich auch ein Kind bekommen?“ wollte Susanne eines Tages wissen.
Ihre Mutti lachte. „Sicher wirst du später selbst ein Kind bekommen, und hoffentlich nicht nur eins. Das würde sich langweilen. Aber du mußt erst groß und erwachsen sein. Kinder können noch nicht Kinder kriegen. Die kleinen Eipünktchen sind noch nicht reif, die Babyhöhle und die Scheide noch nicht fertig, und die Brust zum Füttern des Kindes ist auch noch nicht da. Du mußt ja auch erst einen Mann finden, der dir als Vater deiner Kinder gefällt, mit dem du dich sehr gut verstehst. Er muß selbstverständlich auch erwachsen sein.“
Das sah Susanne ein. Sie streichelte ihrer Mutti zärtlich den Arm und meinte: „Aber du kannst dir doch noch ein Baby für mich wünschen. Ich möchte gern eine kleine Schwester bekommen, einen Bruder habe ich ja schon. Machst du das? – Bitte, bitte…“

„Wann bin ich erwachsen?" fragte Susanne ungeduldig.
Da nahm Mutter wieder den Buntstift und zeichnete. „Wenn du etwa so aussiehst: groß wie Mutti oder Tante Katrin, mit einer Frauenbrust, die deinem Kind Milch geben kann. Dann wachsen auch Haare um den kleinen Spalt und unter den Armen. Der Buntstift kann nicht zeichnen, was noch alles in deinen Kopf hinein muß, was du in der Schule lernst und für einen Beruf brauchst. Wenn du später so viel weißt, daß du nicht immer andere fragen mußt, wenn du arbeiten und Geld verdienen kannst – dann bist du erwachsen. Du kannst dann ohne deine Eltern leben und selbst für deine eigenen Kinder sorgen. Die wollen dann von dir zu essen haben und saubere Wäsche, und sie fragen dich all das, was du uns jetzt fragst."

„Hm“, meinte Susanne, „das ist wohl schön, aber ich will lieber bei euch bleiben, auch wenn ich groß bin. Hier gefällt es mir am besten. – Wann ist Axel erwachsen?“ wollte sie noch wissen.
Die Mutter zeichnete weiter. „Er wird sicher auch so groß und stark wie unser Vati. Seine Stimme wird tiefer, und er muß sich rasieren, wenn er keinen Bart haben will. Ihm werden später auch Haare unter den Armen und vorn am Bauch wachsen. Dann bilden sich Samenfäden in dem Hautsäckchen hinter dem Glied. Lernen und tüchtig werden muß ein Mann ebenso wie eine Frau. Auch er wird für sich und andere sorgen und Kinder erziehen.“

Thomi war Susannes bester Freund aus dem Kindergarten. Sie spielten oft zu Hause miteinander. Als Thomi eines Abends heim sollte, sagte Susanne zu ihrer Mutti: „Warum soll er eigentlich gehen? Wir heiraten ja später sowieso. Da kann Thomi doch gleich bei uns bleiben."

Was wird wohl die Mutti dazu gesagt haben?

Weiterführende Bücher von
Dr. H. Brückner
erschienen für Leser zwischen 9 und 12 Jahren

„Bevor ein Kind geboren wird“

und für Leser ab 12 Jahren

„Denkst du schon an Liebe?“